LES
ANTIQUITÉS
ALGÉRIENNES

PAR

O. MAC CARTHY

CONSERVATEUR-ADMINISTRATEUR DE LA BIBLIOTHÈQUE-MUSÉE D'ALGER

PRIX : 1 FR.

ALGER

ADOLPHE JOURDAN, LIBRAIRE-ÉDITEUR

IMPRIMEUR-LIBRAIRE DE L'ACADÉMIE

1885

LES
ANTIQUITÉS
ALGÉRIENNES

PAR

O. MAC CARTHY

ALGER

ADOLPHE JOURDAN, LIBRAIRE-ÉDITEUR

IMPRIMEUR-LIBRAIRE DE L'ACADÉMIE

—

1885

LES ANTIQUITÉS ALGÉRIENNES

Ce petit mémoire est divisé en trois parties distinctes :

1° Considérations générales ;

2° Synonymies des localités anciennes les plus impor-tantes de l'Algérie ;

3° Instructions de M. Léon Renier.

Nᵒ I

DES ANTIQUITÉS ALGÉRIENNES

ET DE L'INTÉRÊT QUE NOUS AVONS A LES CONSERVER (1)

L'Algérie, voisine des régions les plus historiques de l'ancien monde, formée de provinces qui comptaient au nombre des plus célèbres de l'empire romain, devait avoir et possède, en effet, de nombreuses ruines anti-ques. Si on s'en rapporte à la liste des évéchés d'Afrique,

---

(1) Ces considérations, adressées à M. le général Chanzy, gouver-neur général, le 4 décembre 1876, ont été remises aussi aux différents Gouverneurs Généraux qui se sont succédés depuis.

donnée par Victor de Vite, en 485 de notre ère, laquelle date, par conséquent, de l'épanouissement le plus large de la puissance de Rome, il devrait y en avoir un peu plus de 400, chiffre que je crois exact parce que j'ai déjà levé le plan de 285 des emplacements qui les représentent et qu'il en reste, toute proportion gardée, beaucoup moins à étudier.

Ces ruines ne sont pas distribuées également à la surface du pays, ainsi que cela se voit souvent ailleurs, mais suivant une sorte de loi qui tient essentiellement au développement et à la marche même des conquêtes de Carthage et de Rome.

La colonisation romaine, succédant à celle des Carthaginois, se développe et s'asseoit largement d'abord, comme celle-ci l'avait fait, dans la riche province d'Afrique, puis en Numidie et dans la Mauritanie Sitifienne, mais elle devient de moins en moins complète à mesure qu'elle s'avance vers l'Ouest, où elle n'est bientôt même qu'une occupation militaire, pleine, toutefois, de vigueur et d'unité. Ce caractère est surtout sensible à partir du méridien d'Alger. Nous avons le détail des centres de l'occupation romaine par province, et ce détail donne les chiffres que voici :

Numidie	187
Mauritanie Sitifienne	63
Mauritanie Césarienne	158
Total	408

Sur ces 408 centres, il y en a 330 dont l'attribution provinciale est indiscutable, 78 pour lesquels elle est plus ou moins incertaine. Ces chiffres sont, d'ailleurs, parfaitement d'accord avec la remarque que je faisais à l'instant. En effet, la Numidie et la Mauritanie Sitifienne, qui ne représentent pas tout à fait la moitié orientale de l'Algérie colonisable (province de Constantine), ont, à elles seules, 250 villes, alors que la Mauritanie Césarienne, qui répond aux provinces d'Alger et d'Oran, n'en a que 158.

Sous le rapport de l'importance des localités, elles présentent les mêmes différences. Ainsi, dans la Numidie et la Mauritanie Sitifienne il y avait 40 villes plus ou moins considérables ; dans la Mauritanie Césarienne on en compte à peine 25 à 30 (1). Leur infériorité comme nombre est, du reste, d'accord avec leur infériorité sous le rapport du moindre développement qu'y avaient pris l'architecture et les arts qui en dépendent. Césarée seule, la capitale de cette vaste région, offrait d'assez nombreux monuments, mais Césarée avait été primitivement la résidence des rois. Qu'elles fussent du reste ou qu'elles ne fussent pas embellies par ce qui fait l'ornement de la civilisation, que ce fussent des colonies, des municipes ou de simples positions stratégiques, tous les centres qui constituaient le réseau de l'installation romaine avaient leurs textes officiels qui, exposés aux regards du public, en constataient les titres administratifs et les prérogatives ; ils avaient tous leurs cimetières où de nombreuses inscriptions devaient transmettre à la postérité, avec l'état civil du défunt, l'énumération des fonctions où des charges qu'il pouvait avoir exercées. Celles de ces incriptions, que les fouilles ou les explorations ont rendues à la lumière et qui ont ainsi échappé à une destruction certaine, forment la base du volumineux recueil de M. Renier *(Inscriptions Romaines de l'Algérie,* in-4° de 560 pages ; Paris, imprimerie impériale, 1858) où elles figurent au nombre de 4,417 ; dans le tome 8ᵉ du Corpus des inscriptions latines publiées par l'Académie de Berlin, en 1881, c'est-à-dire vingt-deux ans après, elles occupent 712 pages et atteignent presque au chiffre de 11,000. On admettra bien certainement avec nous qu'elles doivent figurer au premier rang des docu-

---

(1) Voyez la liste des principales villes de chacune des trois provinces, à la fin de cette note.

ments les plus précieux que possèdent les annales de
l'Algérie. Elles ont déjà rendu plus d'un service à l'histoire, à l'économie politique, à la science géographique ;
elles nous ont révélé des faits que les récits antiques,
parvenus jusqu'à nous, ne mentionnent pas ; elles ont
considérablement étendu nos connaissances sur l'administration des provinces africaines de l'empire romain,
elles nous ont permis de rectifier bien des orthographes
vicieuses, bien des notions incertaines, bien des synonymies fautives et sous tous ces rapports j'aurais de
nombreuses citations à faire, si cela ne m'exposait pas
à sortir des limites que m'impose le titre de ce petit
écrit.

Les ruines elles-mêmes ont une importance non
moins considérable. D'abord, c'est de leurs entrailles
que sont sortis ces textes précieux dont nous parlions
à l'instant ; puis, ce sont elles surtout qui nous ren-
seignent, d'une manière certaine, sur la valeur relative
et réelle des cités, des villes et de tous les points où
s'installèrent les différents peuples qui ont successive-
ment occupé le pays, sur la nature de leur occupation,
dans ses rapports avec les populations indigènes, sur
le développement qu'y prirent les arts et l'industrie,
sur les transformations successives d'une civilisation
dont les formes ont varié et dont les physionomies carac-
téristiques appartiennent aux plus intimes manifesta-
tions de l'humanité.

Ce n'est donc pas sans raisons, on le voit, que nous
demandons qu'on veuille bien prendre quelques mesures
énergiques pour la conservation des derniers vestiges
de l'antiquité épars à la surface de l'Algérie. Tous ceux
qui auront été à même de voir les belles ruines de
Lambèse, auxquelles l'épigraphie doit plus de 1,500 textes
différents, et celles de Tamugadis, de Diana Veteranorum, de Djemîla, d'Announa, de Cherchêl, les monuments de Theveste (Tebessa), la riche collection d'inscriptions formée par le service du Génie, à Aumale,

celles du musée du Louvre, à Paris, et du musée d'Alger, souhaiteront avec nous qu'une sollicitude éclairée étende une main protectrice sur ces restes si éloquents d'un autre âge. Ils désireront, aussi vivement que nous le faisons, qu'on ne voie pas se renouveler ces actes déplorables auxquels nous devons la perte des inscriptions de Miliana, de Médéa, de Berouâguia, de Tlemsèn, de Maghnia, d'Aïn-Temouchent, d'Arzeu et de tant d'autres points. Il faudrait, par tous les moyens dont on pourra disposer, faire en sorte que de tels faits ne se répètent plus, car ils compromettent, de la manière la plus grave, la base même des études historiques. Si les écrivains anciens nous avaient laissé la topographie détaillée des diverses régions du monde antique, nous n'insisterions peut-être pas autant sur un tel sujet. Mais le nom des villes les plus considérables n'est accompagné, dans leurs ouvrages, d'aucun détail, et des centres d'une importance capitale, comme Lambèse, comme Cirta *(Constantine)*, comme Césarée *(Cherchêl)* y sont à peine l'objet d'une simple mention. En fait de géographie et de topographie, ici comme partout, dans les vastes limites de l'empire romain, c'est à nous à tout faire, et voilà ce qui donne tant de prix aux moindres débris, quelques mètres de fondations, un morceau d'inscription, le reste d'une statue mutilée, la pièce de monnaie la plus insignifiante. J'ai publié dernièrement, dans cette *Revue*, un petit travail sur un morceau de borne milliaire retrouvé, par le plus grand des hasards, au milieu de la solitude, entre Teniet-el-Had et Tiharet, et auquel nous sommes redevables d'une synonymie cherchée inutilement depuis trente ans.

Quant aux mesures à prendre pour sauvegarder de si précieux intérêts, elles sont assez simples. On devra, en premier lieu, ainsi que l'a fort bien dit M. Léon Renier dans ses *Instructions pour la recherche des antiquités en Algérie*, réunir, grouper en un même endroit toutes les antiquités trouvées sur le territoire de chaque commune, en dresser le bilan et en faire une propriété communale à la conservation et au développement de laquelle chacun serait intéressé. Puis, on pourrait en confier la surveillance à quelque personne instruite, de bonne volonté qui, avec le concours moral du Ministère de l'Instruction publique et l'appui de l'administration locale, aurait assez d'autorité pour agir efficacement dans toutes les questions du genre de celles où elle serait obligée d'intervenir.

Il ne s'agit pas, comme on l'a demandé, de créer, sous le titre fastueux d'*Inspection Générale,* des fonctions dont le titulaire aurait peu de choses à faire, mais d'avoir, dans chacun des départements algériens, une personne à laquelle on n'attribuerait que des frais de tournée très limités et qui, tous les deux ans, serait chargée officiellement de s'assurer de l'état des collections formées sur les différents points soumis à son inspection. Le travail des chercheurs et des savants, des archéologues et des épigraphistes, viendrait ensuite donner à tout cela sa valeur et son importance. Mais au moins on serait assuré que tous les vestiges du passé seraient désormais religieusement conservés.

O. Mac Carthy.

Alger, le 15 mai 1885.

Nᵒ II

LISTE

DES PRINCIPALES VILLES DES TROIS PROVINCES DE LA
NUMIDIE, DE LA MAURITANIE SITIFIENNE ET DE LA
MAURITANIE CÉSARIENNE, AVEC LEURS SYNONYMIES
ACTUELLES, D'APRÈS LES DERNIÈRES RECHERCHES.

Nous espérons que ces listes, toutes sommaires
qu'elles sont, auront quelque utilité pour les travailleurs
en quête de synonymies quelquefois très longues à
trouver.

NUMIDIE

(Les parties centrales et orientales de la province de Constantine.)

Ammædara, *H'aïedra* (Tunisie occidentale).
Aquæ Thibilitanæ, *H'ammam-Meskhoutine.*
Arsacal, *El-Goulia* et *Aïn-Kerma,* près et au sud-
ouest de Constantine.
Bagaï, *Baghghaï.*
Calama, *Guelma.*
Calceus Herculis, *El-K'antara.*
Chullu, *K'ollo.*
Cirta, *Constantine.*
Coloniæ Cirtenses, *les colonies cirtensiennes ;* groupe
politique composé de Cirta *(Constantine),* Rusicade
(Philippeville), Mileu *(Mila)* et Chullu *(K'ollo).*
Constantine, à partir du IVᵉ siècle, *Constantine.*
Cuicul, *Djemila.*
Diana Veteranorum, *Aïn-Zêna.*
Gazaufala, *K's'âr-Sbaï.*
Gemellæ (de Lambèse), *M'lili.*

Hippo Regius, *Bône.*
Idicra, *Tibergount.*
Lamasba, *H'enchîr-Merouâna.*
Lambæsis, *Lambèse.*
Lambafudi, *H'enchîr-Touchîne.*
Lambiridi, *Kherba-Ouled-A'rif.*
Madaurus, *Mdaourouch.*
Mastar, *Rouffach.*
Mileu, *Mîla.*
Naraggara, *K's'âr-Djabeur.*
Nova Sparsa, *H'enchîr-el-A'teuch.*
Ad Piscinam, *Biskra.*
Phua, *A'ïn-Foua,* à 8 kilomètres ouest-sud-ouest de Constantine.
Rusicade, *Philippeville.*
Saddar, *A'ïn-el-Bey.*
Sigus, *Bordj-ben-Bekri.*
Sila, *Sidi-el-Abassi,* à 6 kilomètres au sud d'Ouled-Rahmoun.
Thabraca, *Tabarka.*
Thagaste, *Souk-H'arras.*
Thagora, *Taoura,* près de la smala d'Aïn-Guettar, à 22 kilomètres au sud-est de Souk-H'arras.
Thamugadi, *Tamgad,* à 20 kilomètres est de Lambèse.
Theveste, *Tebessa.*
Thibilis, *Announa.*
Thubursicum Numidarum, *Khemisa.*
Tiddis, *El-Khrenègue.*
Tigisis Numidiæ, *Aïn-el-Bordj,* à 12 kilomètres est-nord-est de Sigus.
Tipasa, *Tifèche.*
Tubunæ, *Tobna.*
Vegesela, *Baghghaï.*
Verecunda, *H'enchîr-Markouna.*
Vescerita et *Ad Piscinam, Biskra.*
Zaraï, *Zraïa.*
Zattara, *Bou-Zîoun,* entre Souk-H'arras et Guelma.

MAURITANIE SITIFIENNE

(Partie occidentale de la province de Constantine.)

Centenarium Solis, *Bir-H'addada.*
Equizetum, *El-Gueria.*
Horrea, ~~*A'ïn-Zada.*~~ *A'ïn Rouah,*
Igilgilis, *Jijelli.*
Lamfoct, indéterminé ; à une vingtaine de kilomètres au midi de Tubusuctu.
Lemellef, *Kherbet-Zembra.*
Macri, *Djouâm-el-Magra.*
Mons, *K'asbaït,*
Muslubium, *Andriache.*
Perdices, *Kherbet-Fraïm.*
Rusazu, au *Cap Sigli,* à l'ouest de Bougie.
Saldæ, *Bougie.*
Sataf, *A'ïn-Kebira.*
Sava, *Tala-Ouzrâr.*
Sertei, *Kherbet-Gidra.*
Sitifis, *Sétif.*
Tamannuna, *Bordj-bou-Areridj.*
Tamascani, *El-Gueria.*
Tubusuctu, *Tiklât.*
Tucca, *El-Merdja,* à l'embouchure de l'Oued-el-Kebir de Constantine (l'ancienne *Ampsaga*).
Vegeselæ, *Ouedjel.*
Zabi, *Bechilga,* près de *Msîla.*

MAURITANIE CÉSARIENNE

(Elle comprend les deux départements d'Alger et d'Oran, ainsi que les territoires de commandement qui s'y rattachent.)

Akra Insula, l'île escarpée, l'*île Rachgoun* (Oran).
Albulæ (Terræ), Sidi Ali ben Ioub (Oran).

Altaba, un des deux noms portés par la station à laquelle l'itinéraire d'Antonin, route de Tlemsen à Dellys, de Calama à Rusuccurus, donne celui de *Rubræ* (Terræ), les Terres rouges.

Ancorarius Mons, partie nord du *massif de l'Oua-rensenis,* sur la rive gauche du Chelif, à la hauteur d'Orléansville.

Aquæ Calidæ Colonia, *H'ammam-Righa* (prononcez *Rîra)* (Alger).

Aquæ Sirenses, *H'ammam-ben-Hennefia* (Oran).

Arc de triomphe élevé par le duc Théodose, après la défaite et la mort de Firmus, à 2 kilomètres et demi du col des Beni-A'ïcha, dans l'Est (Alger).

Arsennaria, à 3,000 pas (4 kilomètres) de la mer, *Sidi Bou Râs* (Oran).

Asar (Fluvius), par erreur Usar, le *Chelif.*

Ausum, *Akbou* de l'Oued-Sah'el (Alger).

Auzia, *Aumale* (Alger).

Ballene Presidium, *K'ala,* à l'ouest de Mask'ara.

Bida, *Bidil* ou *Badil,* par erreur Syda, *Djema Sah'aridj.*

Cæsarea , Colonia Claudia Cæsariensium , *Cherchêl* (Alger).

Calama, *Nedroma* (Oran).

Camarata, *Sidi-Djelloul* (Oran).

Cartennæ, les Cartennes, les *Deux-Tennès* (Alger).

Cartilis, *El-Bordj,* à l'embouchure de l'Oued-Damous (Alger).

Casæ Calventi, *A'ïn-Tagouraït* (Alger).

Castellum Audiense ou Auziense, le Fort-Héxagonal, *A'ioun-Bessem* (Alger).

Castellum Tingitii, *Orléansville* (Oran).

Castellum Tulei, *Diar-Mâmi* (Grande-Kabilie occidentale (Alger).

Castra Nova, *Sidi-Khalef,* près et au sud-ouest de Mask'ara.

Choba, Municipium Ælium Chobæ, *Ziama,* sur le golfe de Bougie (Alger).

Cisus, Cissi, Kissi ou Cisi Municipium, *Mers-el-Djînet* (Alger).

Ad Dracones, l'*Oued-Telâgh*, au sud-ouest de Mask'ara (Oran).

Ferratus Mons, la Montagne de fer, le *Jeurjeura* (Alger).

Ad Fratres, *Nemours* (Oran).

Gilva, *Arbal* (Oran).

Gunugus, *Sidi-Brahim-el-Akoua* et *Brechk* (Alger).

Icosium, *Alger*.

Iol, nom phénicien de *Cherchêl*.

Iomnium, *Tagzîrt*, à l'est de Dellîs (Alger).

Kalama, *Nedroma* (Oran).

Malliana, *Miliana* (département d'Alger).

Mediœ, Ad Medias, en arabe *M'dia; Médéa* (Alger).

Mina, près de *Relizane* (Oran).

Numerus Syrorum, *La Maghrnia* (Oran).

Oppidum Novum, *Duperré*, près de Miliana (Alger).

Pomaria, *Tlemsên* (Oran).

Portus Magnus, le *Vieil-Arzeu* ou *Saint-Leu* (Oran).

Quiza Municipium, *Pont-du-Chelif* (Oran).

Rapidi, *Sour-Djouâb* (Alger).

Regiæ (Terræ), *Tìmsiouine* (Oran).

Rubræ (Terræ), *Hadjar-Roum* (Oran).

Ruha Municipium, *K'sar-K'ebouch*, Grande-Kabilie orientale (Alger).

Rusguniæ, au Cap Matifou (Alger).

Rusubeser, *Azeffoun* (Alger).

Rusubiccari, *Mers-el-Djadje* (Alger).

Rusuccurus, *Dellis* (Alger).

Siga, *Takembrit*, rive gauche de la Tafna, à 4 kilomètres de son embouchure, où se trouvait le Portus Sigensis.

Sufasar, *Amoura*, sur le Chelif, à l'ouest de Médéa (Alger).

Tanaramusa Castra, *El-Hadjeb*, près de Mouzaïaville (Alger).

Tasaccora, *El-Benîan,* sur l'Oued-Tarîa (Oran).

Thamarita, *Aïn-Sultan,* des Ouled-Naïl, fraction des Ouled-Sliman, à 60 kilomètres de Bou-Sa'da, sur la route de Biskra (Alger).

Tigava Castra, à 3 kilomètres est d'Oppidum Novum (Duperré-Alger).

Tigisis, *Taourga,* au sud de Dellîs (Kabylie occidentale).

Timici Civitas, *A'ïn-Temouchent* (Oran).

Tipaza Mauritaniæ, *Tipasa,* à l'est de Cherchêl (Alger).

Tirinadis, *Berouâguîa* (Alger-Médéa).

Tres Insulæ, les *Djafarines,* côte du Marok, près de la province d'Oran.

Usinaza, *Sanègue,* à 13 kilomètres est de Boghari (Alger).

Vagal, à Sidi Mohammed, des Sbeah', près de Charon (Alger).

Zuccabar ou Succabar, *Lavarande,* à 6 kilomètres ouest d'Affreville (Alger).

O. MAC CARTHY.

Alger, le 15 mai 1885.

On n'a ici que les derniers résultats d'un travail plus considérable que je publierai prochainement dans la *Revue ;* j'y indiquerai les documents sur lesquels reposent les synonymies, ainsi que le nom des personnes auxquels on les doit.

N° III

—

INSTRUCTIONS DE M. LÉON RENIER
AU SUJET DE L'ESTAMPAGE DES INSCRIPTIONS

—

Je recommande, de la manière la plus pressante, à toutes les personnes qui s'intéressent aux antiquités algériennes les *Instructions* données par M. Léon Renier; elles ont été publiées dans la *Revue algérienne* et *orientale* du mois de novembre 1859 et il en a été fait un tirage à part que l'on trouvera à la librairie Hachette. Voici les divisions de ce travail : — 1° Localités où des recherches doivent être faites ; — 2° Comment les recherches doivent être dirigées ; — 3° Méthode à suivre pour recueillir les inscriptions ; — 4° Conservation locale des antiquités. — Nous allons, dans l'intérêt des recherches archéologiques et de l'histoire, reproduire le troisième de ces paragraphes : — *Méthode à suivre pour recueillir les inscriptions*.

« Le procédé de la photographie serait assurément le meilleur, mais il est long, dispendieux, et il exige, outre un apprentissage, des appareils que tout le monde ne peut se procurer. Il ne peut guère être employé, d'ailleurs, que dans les villes ou dans leur voisinage.

» Il n'en est pas ainsi des deux procédés d'estampage *en papier mouillé et à la mine de plomb ;* ils sont d'une exécution facile, n'exigent aucun appareil et peuvent être pratiqués par tout le monde et partout. Ils donnent, d'ailleurs, des résultats très satisfaisants; en voici la description :

Estampage en papier mouillé

» 1° Nettoyer avec soin l'inscription dont on veut prendre l'empreinte et la laver à grande eau ;

» 2° Enlever avec une éponge l'eau qui peut être restée dans le creux des lettres et appliquer, sur la pierre encore humide, une feuille de papier fort, légèrement collé.

» Le meilleur papier est celui dont on se sert dans les imprimeries ; à défaut de ce papier, on peut employer le papier à enveloppes connu sous le nom de *carré bulle, couronne bulle* et *gris bulle*. Il faut éviter de se servir de papier de couleur ;

» 3° Tamponner avec l'éponge humide jusqu'à ce que le papier adhère à la pierre sur toute la surface à estamper;

» 4° Frapper légèrement avec une brosse de sanglier, dite *brosse à faire reluire*, jusqu'à ce que, le papier ayant pénétré dans le creux de toutes les lettres, l'inscription devienne visible dans toute son étendue ;

» 5° Laisser sécher aux trois quarts le papier, l'enlever alors avec précaution de dessus la pierre, l'étendre sur une surface horizontale et l'y laisser sécher entièrement (1).

» Lorsque l'estampage est bien sec, on peut le rouler et même le plier, en ayant soin que les plis coïncident avec les interlignes ; l'empreinte est ineffaçable ;

» 6° Il peut arriver que le papier se crève pendant la troisième ou la quatrième opération. Cet accident n'est pas difficile à réparer. Il suffit d'appliquer sur la dé-

---

(1) Il nous a paru préférable, afin d'éviter toute déchirure, lorsqu'on a assez de temps disponible pour cela, de laisser le papier sécher *complètement* sur la pierre et s'en détacher, pour ainsi dire, de lui-même.   O. M. C.

chirure un morceau du même papier mouillé. La suite des opérations le soude à la feuille entière ; il y adhère en séchant et fait corps avec elle, lorsqu'on la détache de la surface de la pierre. »

Estampage à la mine de plomb

« Ce procédé ne peut être employé avec succès que quand la surface à estamper est lisse ou ne présente pas trop de rugosités.

» On se munit d'un tampon couvert en peau ou même, au besoin, on prend le premier morceau de linge venu, et d'une petite boîte contenant de la mine de plomb en poudre.

» On étend sur l'inscription une feuille de papier mince ; le meilleur est le papier transparent dit *papier demi-pelure;* on assujettit ce papier en le collant aux quatre coins sur la pierre avec de la colle à bouche.

» On noircit le tampon, en l'appuyant à deux ou trois reprises sur la mine de plomb et on le promène, en pressant légèrement, sur toute la surface de la feuille de papier.

» Les lettres et les divers signes de l'inscription, gravés en creux dans la pierre, se reproduisent en blanc sur le papier, la mine de plomb ne noircissant que les endroits où la pression du tampon a rencontré la résistance de la pierre.

» Les estampages exécutés par ce procédé peuvent se plier autant de fois qu'on le veut, sans inconvénient, se mettre sous enveloppe et s'envoyer par la poste, comme on le ferait d'un calque ou d'un dessin ordinaire.

» Mais il y a des circonstances dans lesquelles on ne peut employer aucun de ces procédés; par exemple, quand il s'agit d'une inscription monumentale dont les caractères sont très grands, ou quand on rencontre, en voyage, une inscription et qu'on n'a rien de ce qu'il faut pour l'estamper. On devra alors se contenter de la copier en imitant, aussi exactement que possible, la forme des lettres, les lettres liées, les signes divers placés entre les lettres, au commencement ou à la fin des lignes, les cassures, les lignes ou parties des lignes martelées ou effacées au ciseau dans l'antiquité, sans rien omettre, et surtout sans rien ajouter.

» Dans tous les cas, on devra faire connaître la forme du monument (table encadrée d'une moulure, cippe en forme d'autel, piédestal, dé de piédestal, tombeau en forme de caisson, colonne, borne carrée, etc.), et le lieu de la découverte, en indiquant la situation de ce lieu par rapport au point le plus voisin, marqué sur les cartes de l'État-major (quand il y en a).

» On fera bien, lorsqu'on le pourra, de noter exactement les dimensions du monument, en mètres et subdivisions du mètre, et celle des lettres des différentes lignes de l'inscription. Cette recommandation est surtout importante lorsqu'il s'agit de fragments et d'inscriptions incomplètes.

» Enfin, chaque copie ou chaque estampage devra être accompagné de l'indication de la personne qui a trouvé le monument et de celle qui l'a relevé. Toute découverte archéologique est un service rendu à la science, et celui qui l'a faite doit être signalé à la reconnaissance des savants. »

Léon Renier,
Instructions, etc., pages 11, 12 et 13.

Alger. — Typographie Adolphe Jourdan.